SYLLABAIRE

DES

PETITS ENFANTS

RELIGIEUX.

ÉDITION ORNÉE DE GRAVURES.

La Religion instruisant et protégeant l'enfance.

SYLLABAIRE

DES

PETITS ENFANTS

RELIGIEUX.

ÉDITION ORNÉE DE GRAVURES.

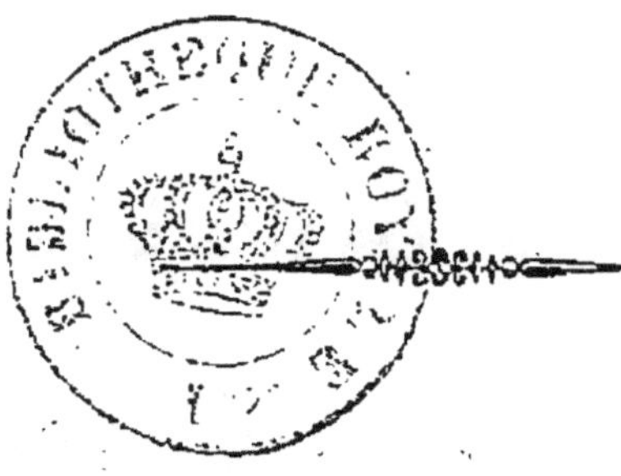

ÉPINAL,

PELLERIN, IMPRIM.-LIBRAIRE.

—

Lettres Majuscules.

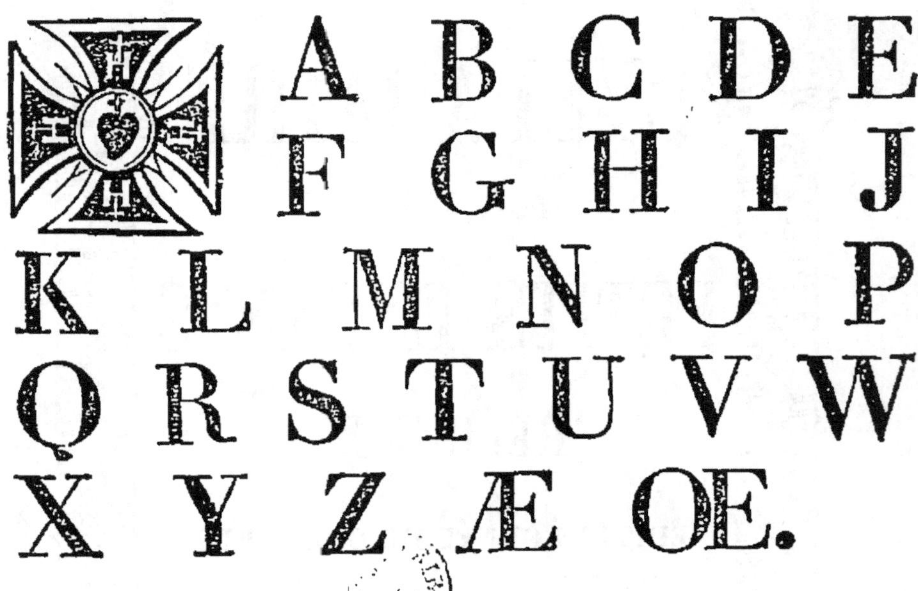

A B C D E
F G H I J
K L M N O P
Q R S T U V W
X Y Z Æ OE.

Lettres Minuscules.

a b c d e f g
h i j k l m n
o p q r s t u
v w x y z æ œ.

Lettres Italiques.

a b c d e f
g h i j k l m
n o p q r s t u
v w x y z æ œ.

Lettres de Ronde.

a b c d e f g h i
j k l m u n o p q r
s t u v x y z.

A a *a*

Ange Gardien.

B b *b*

Bergers (Adoration des)

C c c

Ste Christine.

D d d

Dieu.

E e e
Eglise.
F f f
Ste Françoise.

G g g g

Sts Gervais et Protais.

H h h h

Hermitage.

Jésus-Christ.

Kotska (St Stanislas de).

L
l
l
l

Livres saints.

M
M
m
m

Madone.

N n n

S¹ Nicomède.

O o o

Ordre.

P p p p

Procession.

Q q q q

Quêteuse.

R r r

Religieux.

S s s

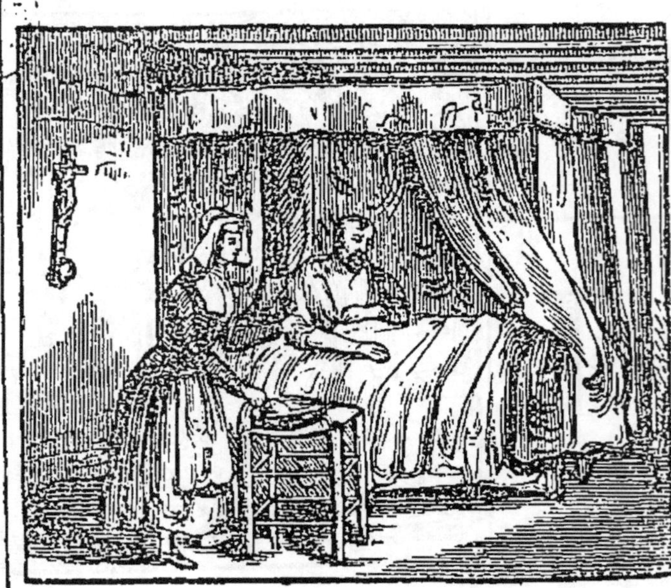

Sœur d'hôpital.

Sᵗᵉ Trinité.

Sᵗᵉ Ursule.

Ste Vierge.

Xavier (St François).

St Yves.

St Zéphyrin, pape.

SYLLABAIRE.

a   e   i _{ou} y   o   u

ba   be   bi   bo   bu

ca   ce   ci   co   cu

da   de   di   do   du

fa   fe   fi   fo   fu

ga   ge   gi   go   gu

ha   he   hi   ho   hu

ja   je   ji   jo   ju

ka   ke   ki   ko   ku

la   le   li   lo   lu

ma   me   mi   mo   mu

na   ne   ni   no   nu

pa   pe   pi   po   pu

qua   que   qui   quo   qu

ra   re   ri   ro   ru

sa   se   si   so   su

ta   te   ti   to   tu

va   ve   vi   vo   vu

xa   xe   xi   xo   xu

za   ze   zi   zo   zu

MOTS SYLLABÉS.

Pa-pa.	La-pin.
Ma-man.	Se-rin.
Da-da.	Bou-chon.
Vo-lant.	Ga-zon.
Rai-sin.	Voi-sin.
Jar-din.	Poi-re.
Bou-ton.	Bon-net.
Mou-ton.	Na-non.
Bou-din.	Tou-tou.
Ma-tin.	Pou-pée.
Fan-fan.	Cou-teau.
Jou-jou.	Cha-peau.
Bon-bon.	A-bat-tre
Din-don.	Ma-da-me.
Man-chon.	Ba-lan-ce.
Che-min.	Ba-di-ner.
Chan-son.	Ai-ma-ble.

Ca-ba-ne.

Ca-ba-ret.

Gé-né-ral.

Grap-pil-ler.

Ser-vi-teur.

A-mu-se-ment.

Ba-di-na-ge.

Cou-ver-tu-re.

En-tê-te-ment.

Il-lu-mi-na-tion.

Ki-ri-el-le.

Lo-te-rie.
Lu-mi-nai-re.
Ma-ca-ron.
Né-gli-gen-ce.
O-ri-gi-nal.
Pa-res-seu-se.
Ré-si-den-ce.
Ap-pro-ba-ti-on.
Bé-né-dic-ti-on.
Ci-vi-li-sa-ti-on.
Dé-cla-ra-ti-on.

Ad-mi-ra-ble.

Con-fi-tu-re.

Sen-si-bi-li-té.

Tran-quil-li-té.

Ré-cré-a-ti-on.

Gra-ti-fi-ca-ti-on.

In-cor-ri-gi-ble.

Cha-ri-ta-ble.

Es-pé-ran-ce.

Con-so-la-ti-on.

Se-cou-ra-ble.

PHRASES A SYLLABER.

E cri vez les in ju res sur
e sa ble, et les bien faits sur
e mar bre.

Bo ër ha a ve se dé cou-
vrait, en par lant de Dieu,
ew ton s'in cli nait, et Bay-
le s'ar rê tait au mi lieu d'un
is cours.

Mai son de chau me où l'on
rit vaut mieux que pa lais où
l'on pleu re.

Le com men ce ment de la
sa ges se est la crain te de
ieu.

L'ad ver si té est la pier re
e tou che de l'a mi tié.

La vie est com me un jour nal sur le quel on ne doit ins cri re que de bon nes ac ti ons.

Re gar dez un bon li vre com me le meil leur de vos a mis.

Ne vous mê lez ja mais de ce qui ne vous re gar de pas, et ne par lez que pour ré pon dre quand on vous in ter ro ge, a fin de ne point vous at ti rer des ré pri man des hu mi li an tes.

L'ab bé Fou quet, as sis tant un jour à une au di en ce que le car di nal Ma za rin don nait au grand Tu ren ne, a vant son dé part pour u ne cam pa gne, l'ab bé pous sa la har di es se jus qu'à dé si gner sur u ne car te l'en droit où le ma ré chal de vait pas ser une ri viè re; le guer rier lui don na sur le doigt, en lui di sant : Mon sieur l'ab bé, vo tre doigt n'est pas un pont.

On paie quel que fois bien cher le soir les fo lies que l'on a fai tes le ma tin.

En fants, a yez tou jours de vant les yeux la crain te du Sei gneur.

Le tra vail est la sour ce du bon heur et de la pros pé ri té.

Ne vous pres sez point

d'ad mi rer une cho se, de loin c'est quel que cho se, et de près sou vent ce n'est ri en.

Si l'on veut se fai re ai- mer, il faut sa voir par don- ner.

Ne re met tez ja mais rien à fai re au len de main, car sou ve nez-vous que le temps per du ne se re trou ve ja- mais.

Les en fants doi vent ho- no rer leurs pè res et leurs mè res, en tout â ge et en tout é tat.

Ils doi vent leur o bé ir en tou tes cho ses où Dieu n'est point of fen sé.

Ils leur doi vent a mour

et res pect aus si bien dans les châ ti ments que dans les ca res ses.

Ils doi vent é vi ter avec grand soin de les at tris ter ou de les met tre en co lè re.

Ils doi vent les as sis ter dans leur pau vre té, jus qu'à tout ven dre pour ce la.

Le re pen tir des fau tes est le sa lut de l'â me.

Le men son ge est l'ob jet du plus grand mé pris. Un men teur est aus si o di eux et plus à crain dre qu'un vo leur : il est com pa ra ble à un corps pes ti fé ré dont l'ap pro che est dan ge reu- se.

L'oi si ve té n'ap prend qu'à mal fai re; el le est la mè re de tous les vi ces.

On ga gne tout à fré quen ter les hon nê tes gens; on perd tout à fré quen ter les mé chants.

Ne dé si rez ni gloi re ni ri ches se : de man dez la sa-ges se, el le tient lieu de tout.

La bon ne con sci en ce est un fonds iné pui sa ble de con so la ti on et d'es pé ran-ces; qu'el le soit la rè gle de tou tes vos ac ti ons, et vous se rez heu reux dans ce mon-de et dans l'au tre.

ANECDOTES CHRÉTIENNES.

Toute la France retentit, depuis plus d'un siècle, de l'éloge de S. Vincent de Paul, et personne n'ignore combien il a honoré la Religion par ses vertus, combien il a soulagé l'humanité souffrante par ses bienfaits. Il y a néanmoins dans sa vie quelques anecdoctes qui sont moins connues; et on ne saurait trop connaître un saint si cher à tous les chrétiens, et si respectable aux yeux même des ennemis du Christianisme.

En allant par mer de Marseille à Narbonne, Vincent de Paul fut fait prisonnier par des corsaires d'Afrique, qui prirent le vaisseau sur lequel il était embarqué. Après avoir essuyé beaucoup de mauvais traitements de la part des Barbares, il fut acheté à Tunis par un pêcheur; mais celui-ci voyant que son esclave ne pouvait supporter l'air de la mer, il le vendit à un vieux médecin qui, depuis cinquante ans, cherchait la pierre philosophale. Il traita Vincent avec beaucoup d'humanité, et lui promit même, s'il voulait changer de religion, de lui laisser tous ses biens. Le saint demanda instamment au ciel la grâce de triompher de cette tentation ; sa prière fut exaucée, et pendant une année entière, il résista constamment aux pressantes sollicitations de son maître. Le médecin étant mort, il devint l'esclave d'un de ses neveux ; ensuite il fut vendu à un renégat originaire de Nice en Savoie, qui l'envoya dans une campagne située sur une montagne déserte. Le renégat avait trois femmes. L'une d'entr'elles, qui était Turque de naissance et de religion, allait souvent à la campagne où Vincent travaillait. Elle lui faisait diverses questions sur la loi, les usages et les cérémonies religieuses des chrétiens : elle lui commandait quelquefois de chanter les louanges du Dieu qu'il adorait. Le saint avait coutume de chanter le psaume *Super flumina Babylonis*, le *Salve Regina*, et d'autres semblables prières de l'Eglise, ce qu'il faisait avec beaucoup d'onction, et toujours les larmes aux yeux. La femme mahométane fut extrêmement frappée de ce qu'elle avait appris du Christianisme, ainsi que de la conduite vertueuse de son esclave. Elle fit part de ses sentiments à son mari, lui reprochant d'avoir abandonné une religion qui paraissait si bonne, et elle l'amena au point qu'il sentit son crime et résolut de le réparer. Il eut sur cela un entretien avec Vincent, qui, en lui inspirant toujours plus d'horreur pour son apostasie, acheva de le déterminer à exécuter la sainte résolution qu'il avait prise, et ils convinrent entr'eux de se sauver. Ils montèrent sur une petite barque, et traversèrent la Méditerranée, sans songer que le moindre coup de vent pouvait les faire périr. Enfin, le 28 juin 1607, ils abordèrent à Aigues-Mortes, d'où ils se rendirent à Avignon. Le renégat y fit son abjuration entre les mains du Vice-Légat : l'année suivante, il accompagna le saint à Rome, où pour faire pénitence il entra dans un couvent de religieux destinés à servir les malades dans les hôpitaux, et il ne cessa de remercier le ciel de ce que, par son zèle et par sa vertu, son esclave même était devenu son libérateur.

———

Tandis que Vincent de Paul, visitait, sans se faire connaître, les forçats qui était à Marseille, il aperçut un de ces malheureux qui se livrait aux transports du plus affreux désespoir. Vivement ému de son triste sort, il mit tout son œuvre pour en adoucir la rigueur ; mais comme il s'aperçut que tous ses efforts étaient inutiles, il porta l'héroïsme de la charité, jusqu'à demander de prendre sa place, et on assure que l'ayant obtenu, il porta quelque temps les chaînes de celui qu'il n'avait pu consoler.

———

Un juge avec qui il demeurait, étant sorti sans avoir pris les précautions nécessaires, trouva, à son retour, qu'on lui avait volé quatre cents écus. Il accusa Vincent du vol, et se mit à le décrier parmi toutes ses connaissances et ses amis. Le saint se contenta de nier le fait, et de dire tranquillement : *Dieu sait la vérité*. Pendant les six années que dura la calomnie, il ne dit rien autre chose pour sa défense, et il ne laissa jamais échapper la moindre plainte. Enfin le voleur fut arrêté pour quelque nouveau crime. Déchiré par les remords de sa conscience, il envoya chercher le juge qui avait été volé, lui déclara qu'il était le voleur de son argent, et que le serviteur de Dieu était innocent du crime dont on l'avait accusé. Vincent se servant, par humilité, d'un nom étranger, raconta depuis cette histoire à ses prêtres pour leur apprendre que la patience, la résignation et un humble silence, sont en général la meilleure apologie des personnes que poursuit la calomnie.

———

Dans le cours de l'année 1639, Vincent apprit que la Lorraine était en proie aux horreurs de la famine. Ayant aussitôt recueilli quelques aumônes auxquelles il contribua de tout ce qui excédait le plus strict nécessaire de la communauté qu'il avait fondée à Paris, il les envoya distribuer par des missionnaires. Mais bientôt après cette première aumône, qui fut aussitôt épuisée qu'envoyée, quelques-uns de ceux qui l'avaient portée, vinrent lui faire le tableau de la misère affreuse qu'ils avaient vue de leurs propres yeux. Ils lui rapportèrent que dans les villes, aussi bien que dans les campagnes, il y avait des personnes de toutes conditions, réduites à la dernière indigence ; que les religieuses les plus renfermées rompaient leurs clôtures, pour aller chercher du pain, au péril de leur vertu ; que grand nombre de curés, après s'être épuisés en soulageant leurs paroissiens, n'avaient plus un morceau de pain pour eux-mêmes ; qu'il ne mourait pas un cheval, de quelque maladie que ce pût être, qu'on ne l'enlevât incontinent en morceaux pour le dévorer ; que les bêtes venimeuses ne faisaient pas horreur ; qu'une femme restée veuve avec trois enfants, avait pris, sans hésiter, une couleuvre, et l'avait fait rôtir à la hâte sur quelques charbons, pour satisfaire à l'empressement de ses petits affamés, et qu'il s'était même trouvé des mères, qui, pressées par une faim dégénérée en rage, avaient mangé leurs propres enfants.

Cette perspective enflammant la charité de Vincent, il en fit passer les ardeurs dans l'âme de plusieurs personnes de condition de l'un et de l'autre sexe, et la résolution fut prise de soulager ce malheureux peuple, à quelque prix que ce pût être. Les généreux fidèles fournirent d'abord des sommes considérables, que le saint fit aussitôt partir, pour être distribuées, selon que les besoins seraient plus pressants; mais elles furent aussitôt consommées; et ses largesses réitérées à bien des reprises, loin de mettre fin à la misère, ne parurent se faire qu'en pure perte. Une charité moindre que celle de Vincent eût perdu courage, et regardé son entreprise comme impossible. Mais que ne peut un cœur enflammé du divin amour? La difficulté ne fit que redoubler son courage, et le ciel lui fit prendre un tel ascendant sur les cœurs tant soit peu disposés à la miséricorde, qu'il procura près de seize cent mille livres d'aumônes à la seule province de Lorraine, durant le cours de cette année, et qu'il eut encore de quoi nourrir, habiller et entretenir une multitude de malheureux de tout

état, qui, fuyant ce pays désolé, étaient ve-
nus à Paris se jeter entre ses bras, et qu'il re-
çut avec une affection paternelle, sans jamais
en rebuter un seul.

Les Lorrains ne furent pas les seuls objets
de sa charité : il en étendit les bienfaits sur la
Champagne et la Picardie, que la guerre jointe
à la misère avait désolées, et où l'on voyait des
troupes sans nombre, d'hommes, de femmes
et d'enfants errant comme des bêtes fauves
dans les prés et les bois, broutant l'herbe,
rongeant l'écorce des arbres, avalant la terre,
allant quelquefois enfin jusqu'à se manger les
bras, et puis mourant dans la rage et le désespoir. Ces malheureux furent bien nourris.
Ceux qui restaient nus dans les caves, reçurent
des vêtements, tous les malades recouvrèrent
la santé. On répara et on reconstruisit les mai-
sons ; on donna des outils aux ouvriers, des
rouets et du chanvre aux femmes, des instru-
ments de labourage aux cultivateurs, et des
grains pour ensemencer leurs terres. Ces dis-
tributions emportèrent assez long-temps dix,
douze et jusqu'à seize mille livres par mois,
sans que la source en tarît un moment. La charité ne finit qu'avec la calamité, et Vincent de
Paul fut aussi réellement qu'autrefois Joseph,
le sauveur des peuples et des provinces.

Ainsi un seul homme, un prêtre pauvre, sans naissance et sans puissance, ainsi que sans fortune, a fait ce qui passait les forces des plus puissants princes. Les sages du monde ont admiré cette espèce de prodige, et ils ont cru devoir en quelque sorte acquitter la dette de la reconnaissance publique, en décernant une statue à l'homme unique qui l'a opéré. Mais ce qu'ils auraient dû observer, c'est que sa vive foi a été la seule source des secours immenses qu'il a procurés aux malheureux; et que si Vincent de Paul a été le bienfaiteur de l'humanité, c'est uniquement parce qu'il était animé de la charité qu'inspire la religion.

PENSÉES MORALES.

Que tes premiers respects soient pour Dieu, tes seconds pour tes parents. Respecte la pudeur, conserve toujours la bonne foi. N'aie point un sentiment dans ton cœur, un autre sur tes lèvres.

Honore les vieillards, ils ont planté l'arbre qui te reçoit sous son ombre et celui qui te nourrit de son fruit; ils ont bâti la maison qui te sert d'abri, et ils t'ont transmis les préceptes de la sagesse.

Ne t'inquiète pas de ce qui se passe dans la maison de ton prochain, et ne porte pas de regards curieux dans l'intérieur de ses foyers.

Non content d'être juste ne permets pas l'injustice. Sache vivre de ce que tu as justement acquis. Méprise les richesses que procure l'iniquité. Satisfait de ce que tu as, abstiens-toi de ce qui ne t'appartient pas.

Si tu possède des richesses, partage-les avec les malheureux, et que l'indigence reçoive une portion de ce que Dieu t'a donné.

Ne dis pas au malheureux de revenir demain, donne-lui à l'instant même. Si tu ne peux rien lui donner, ne le rebute point. Ne sois pas pour le pauvre un créancier rigoureux.

Ne ravis rien à personne : tout ravisseur est l'objet de l'exécration publique.

Ne retiens pas le salaire de l'homme laborieux, et garde-toi d'opprimer ton semblable.

Apprends à te conformer aux circonstances, et ne souffle jamais contre le vent. L'instant qui amène la douleur est suivi de l'instant qui amène la consolation.

FIN.

ÉPINAL, IMPRIMERIE DE PELLERIN.